24 HEURES À Montréal

UNE JOURNÉE, UNE AVENTURE

CHRISTIAN LAUSE

EDITIONS
maison des langues

Collection **24 HEURES**

24 HEURES À Montréal

Auteur
Christian Lause

Coordination éditoriale
Audrey Avanzi

Révision pédagogique
Aurélie Buatois, Virginie Karniewicz

Conception graphique, couverture et mise en page
Oriol Frias

Correction
Diane Carron

Remerciements
Estelle Foullon, Agustín Garmendia, Simon Malesan

Traductions
Jutta Breyer, Richard Pike, Asun Renau, Alessandra Repossi

© Difusión, Centre de Recherche et de Publications de Langues, S.L., 2017
ISBN: 978-84-16657-66-7
Imprimé dans l'UE

ÉDITIONS maison des langues

Photographies
Couverture: Vibe Images/fotolia.com;

Chapitre 1: luckybusiness/fotolia.com, auremar/fotolia.com, Dontcut/dreamstime.com, chettythomas/fotolia.com, Xunbin Pan/dreamstime.com, ricardoferrando/fotolia.com, chaoss/fotolia.com, Andrea/fotolia.com, Svglass/dreamstime.com, Studio Romantic/dreamstime.com, Pitoutepitoute/pixabay.com, buzbuzzer/gettyimages.com, kelseyannvere/pixabay,com, Marc Bruxelle/dreamstime.com, Marc-Olivier Jodoin/unsplash.com, hakat/fotolia.com, Isabel Poulin/dreamstime.com, Lkeskinen0/dreamstime.com;

Chapitre 2: Michel Bussieres/dreamstime.com, weedezign/fotolia.com, Les Anderson/unsplash.com, Andrey Popov/fotolia.com, Sam Spiro/fotolia.com, Monkey Business/fotolia.com, Greyerbaby/pixabay.com, Avanzi/Difusion, Ginasanders/dreamstime.com, Igor Mojzes/dreamstime.com, celeste clochard/fotolia.com, MariamS/pixabay.com, thisisbossi/flickr.com, art_inthecity/flickr.com, Datch78/wikipedia.org, Bart/fotolia.com, yuliiaholovchenko/fotolia.com, martiapunts/fotolia.com, udra11/fotolia.fr, iuliia_n/fololia.fr, circleps/fotolia.fr, iyellows/pixabay.com, Michel Bussieres/dreamstime.com, Leonid Andronov/fotolia.com, Zhao Qin/dreamstime.com;

Chapitre 3: Anastasia Aleksandrenko/dreamstime.com, Maxim Kostenko/dreamstime.com,rgvc/fotolia.com, Matthieu_Gtn/pixabay.com, serkan52/fotolia.com, CB94/fotolia.com, karandaev/fotolia.com, Mauro Barbolini/dreamstime.com, RitaE/pixabay.com, Maksym Topchii/dreamstime.com, jbd30/fotolia.com, Peter Winckler/unsplash.com, Irina274/dreamstime.com, Avanzi/Difusion, Aldo Di Bari Murga/dreamstime.com, nata777_7/fotolia.com, Ruslan Kudrin/dreamstime.com, Maffboy/dreamstime.com, Amarita Petcharakul/dreamstime.com, Mario Beauregard/dreamstime.com, Chantal Lévesque/flickr.com, Bull-Doser/wikipedia.org, Aude Vanlathem/wikipedia.org;

Chapitre 4: mark_ka/fotolia.com, Una/fotolia.com, Carolyn Franks/fotolia.com, Photo25th/dreamstime.com, Ivonne Wierink/dreamstime.com, Wojtek/fotolia.com, Tarzhanova/fotolia.com, Dorian2013z/dreamstime.com, ivan kmit/dreamstime.com, Jonathan Denney/unsplash.com, Isabel Poulin/dreamstime.com, alega2or/pixabay.com, Avanzi/Difusion, Avanzi/Difusion, Ratmaner/dreamstime.com.

Toute forme de reproduction, distribution, communication publique et transformation de cet ouvrage est interdite sans l'autorisation des titulaires des droits de propriété intellectuelle. Le non-respect de ces droits peut constituer un délit contre la propriété intellectuelle (art. 270 et suivants du Code pénal espagnol).

24 HEURES À Montréal
UNE JOURNÉE, UNE AVENTURE

SOMMAIRE

DICTIONNAIRE VISUEL .... p. 4
CHAPITRE 1 .... p. 6
ACTIVITÉS .... p. 12
**MONTRÉAL,
VILLE QUÉBÉCOISE** .... p. 14

DICTIONNAIRE VISUEL .... p. 16
CHAPITRE 2 .... p. 18
ACTIVITÉS .... p. 24
**MONTRÉAL,
LA VILLE AUX CENT CLOCHERS** .... p. 26

DICTIONNAIRE VISUEL .... p. 28
CHAPITRE 3 .... p. 30
ACTIVITÉS .... p. 36
**ÇA BOUGE !
LA FIN DE SEMAINE** .... p. 38

DICTIONNAIRE VISUEL .... p. 40
CHAPITRE 4 .... p. 42
ACTIVITÉS .... p. 48
**GRAND FROID !
VIRÉE SOUS LA NEIGE** .... p. 50

GLOSSAIRE .... p. 52
TRADUCTIONS .... p. 54

Retrouvez toutes les informations sur la collection :
www.emdl.fr/fle

24 HEURES À MONTRÉAL

DICTIONNAIRE VISUEL CHAPITRE 1

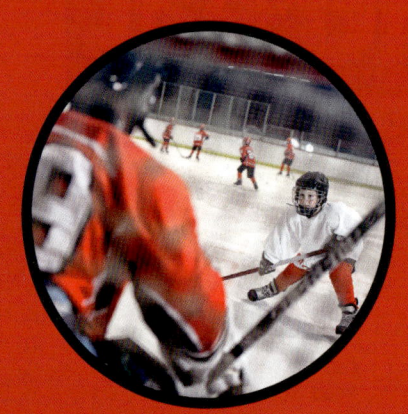

AVOIR PEUR

UN MATCH

UN / E ARBITRE

ÊTRE AMOUREUX(EUSE)

UN / E MUSICIEN(ENNE)

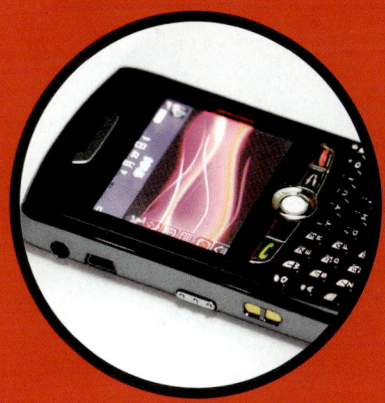

UN TÉLÉPHONE PORTABLE

UNE PLACE DE CONCERT

UN BUS

UN FLEUVE

UN BAR

CHAPITRE 1

Pour Chayton et son ami Simon, le samedi 11 mars de cette année restera un jour mémorable.

Il est midi à l'aréna Mont-Royal quand l'arbitre siffle la fin du match. L'enthousiasme de l'équipe des Faucons de Longueuil explose. En effet, elle vient de gagner contre les Castors de Maisonneuve, après douze défaites successives[1] !

Simon félicite Chayton, son coéquipier et ami, qui vient de remporter son premier match[2] important. Simon a l'impression de[3] l'avoir formé : il l'a encouragé et l'a aidé à s'intégrer à l'équipe.

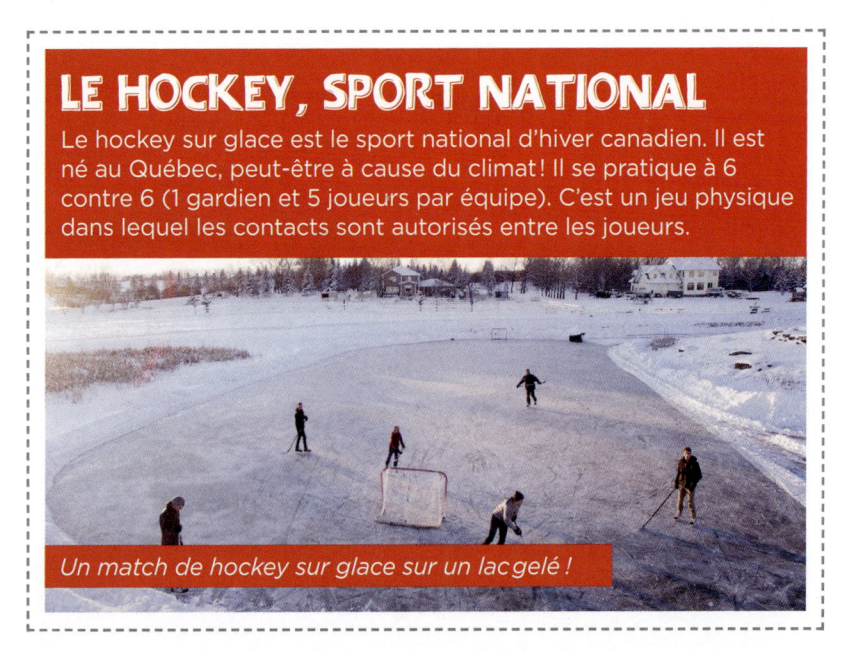

LE HOCKEY, SPORT NATIONAL

Le hockey sur glace est le sport national d'hiver canadien. Il est né au Québec, peut-être à cause du climat ! Il se pratique à 6 contre 6 (1 gardien et 5 joueurs par équipe). C'est un jeu physique dans lequel les contacts sont autorisés entre les joueurs.

Un match de hockey sur glace sur un lac gelé !

Simon a dix-huit ans, il est grand et fort, il a le physique parfait pour jouer au hockey, un sport dans lequel les contacts sont très durs. Chayton, lui, n'a que seize ans et mesure un mètre soixante-quinze. Il est le plus jeune et le plus petit joueur de l'équipe. Mais il est aussi le plus rapide et possède une qualité essentielle à la pratique du hockey : il a rarement peur ! Chayton est un prénom d'origine amérindienne, qui signifie faucon.

Leur victoire du jour suscite une réelle émotion, mais ce ne sera pas la dernière ! Une jeune femme brune court vers eux pour les embrasser[4].

— Bravo les gars, c'est magique ! Vous êtes des champions !
Elle s'appelle Caroline et joue dans l'équipe féminine du même club… Elle s'adresse à[5] Simon sans même regarder Chayton.
— Salut, Simon ! On se retrouve ce soir au concert d'Arcade Fair ?
— Oui, bien sûr !
— Tu viens aussi, Chayton, je suppose ? Enfin, j'espère…
Elle le regarde en souriant. Chayton est secrètement amoureux de Caroline… Il perd ses mots.
— Euh… oui, oui ! Bien sûr !
— Génial ! Eh bien à ce soir, les gars !

Caroline s'éloigne. Simon se tourne vers Chayton :
— Quoi ? Tu vas au concert d'Arcade Fair, c'est nouveau ?

— Ben oui, j'ai décidé d'y aller.
— Quand as-tu décidé ça ?
— Oh, il n'y a pas longtemps !
— Et tu ne m'as rien dit ? Ah, O.K., je comprends... c'est parce que Caroline y va !

Chayton rougit[6], mais il ne répond pas.

— D'accord, il faut dire qu'elle est très jolie.
— Jolie ? Elle n'est pas seulement jolie, elle est marrante, sympa. Et t'as entendu ? Elle « espère » que je viendrai. Je dois absolument aller à ce concert !
— T'as juste un petit problème, mon pote[7].
— Ah oui ? Lequel ?
— Moi, je la connais et j'ai son numéro de portable. Pas toi !
— C'est une joke[8] ? Donne-le-moi !
— Pas question !
— En plus, elle est passionnée par Win, le chanteur d'Arcade Fair, or il ne te ressemble pas du tout, donc t'es pas son genre[9] !
— Moi aussi, je suis fan ! répond Chayton avec un grand sourire. Je peux imiter ses solos de guitare. C'est ça qui compte !
— Oh, c'est vrai, pardon ! Tu es un grand musicien !

Simon fait semblant de[10] jouer de la guitare pour se moquer de[11] son ami.

— Pourquoi tu me parles comme ça ? s'étonne Chayton. T'es fâché ?
— Non, je suis juste un peu déçu parce que tu ne m'as pas dit que tu voulais sortir avec Caroline.
— Toi non plus...

Simon et Chayton se connaissent depuis toujours. Ils jouent dans la même équipe de hockey sur glace à Longueuil, dans la banlieue[12] sud de Montréal, de l'autre côté du fleuve Saint-Laurent. Ils habitent dans le même quartier et sont allés à l'école primaire, puis secondaire, ensemble.

— Ce concert, ajoute Chayton, c'est l'occasion de[13] savoir à qui elle s'intéresse vraiment.

— Sauf que, pas de chance pour toi, tu n'as pas de place !

— Tu vas m'aider à en trouver une. On est amis, non ?

— D'accord… Mais c'est juste pour passer la soirée avec toi, rien à voir avec cette fille.

LE FLEUVE SAINT-LAURENT

Le majestueux fleuve Saint-Laurent, reliant le lac Ontario à l'océan Atlantique, traverse Montréal. Avant l'arrivée de Jacques Cartier, le fleuve était appelé « le chemin qui marche ». En hiver, le lac est gelé et certains habitants pratiquent la pêche sur glace.

— De toute façon, ta seule passion pour l'instant, c'est le hockey, pas vrai ? Chayton fait un clin d'œil à son ami.

Ils cherchent un billet sur le site de billetterie du Centre Bell, mais toutes les places sont vendues depuis longtemps[14].

LE FRANÇAIS QUÉBÉCOIS

Environ 86 % des francophones du Canada vivent au Québec. La plupart s'expriment en français québécois, une variante du français caractérisée par des anglicismes (par exemple, les essuie-glaces sont appelés « wiper ») et l'usage de mots oubliés en France comme les « souliers » (les chaussures), « le char », (la voiture) ou le panneau « arrêt » (stop). Au Québec, on part en « fin de semaine » (week-end) et on « soupe » (dîne).

— Ça va être difficile, annonce Simon. On peut chercher sur Facebook. Tiens, là, regarde, un billet pour 150 dollars !
— C'est super cher !
— Logique, si tu te décides trop tard, tu paies cher !
— Bon, d'accord... Je verrai avec ma sœur pour qu'elle me prête de l'argent[15]. On contacte le vendeur.

Il leur donne rendez-vous devant l'Escalier, un bar du centre-ville. Simon et Chayton doivent y être avant 14 heures, sinon il vendra le billet à quelqu'un d'autre. Il est déjà 13 heures... Il n'y a donc pas de temps à perdre !

ACTIVITÉS
CHAPITRE 1

1

Vrai, faux ou on ne sait pas ? Coche la bonne réponse.

	Vrai	Faux	On ne sait pas
1. Simon est le plus rapide de son équipe.			
2. Chayton mesure 1,65m.			
3. Chayton a de longs cheveux noirs.			
4. Pour Chayton, Caroline est très belle.			
5. Chayton porte le même nom que son club de hockey.			

2

Choisis la réponse correcte.

Pourquoi Chayton veut-il absolument acheter un billet pour le concert d'Arcade Fair ?

a) Parce que c'est son groupe de musique préféré.

b) Pour être avec son ami Simon.

c) Pour passer la soirée avec Caroline.

Caroline :

a) joue dans le même club que Simon et Chayton.

b) est la seule joueuse de hockey du Québec.

c) est jalouse de l'amitié entre Simon et Chayton.

Simon:

a) trouve que Chayton doit abandonner le hockey.

b) comprend que Chayton s'intéresse à Caroline.

c) a le bon physique pour jouer au hockey.

3

Tu veux devenir membre du fan club d'Arcade Fair. Complète la fiche d'inscription.

FAN CLUB

JE DEVIENS FAN

Nom et prénom: ....

Âge: .... **Sexe:** ....

Mes goûts musicaux:

le rock | le rap | la salsa | le reggae | autre

a. J'aime: ....

b. Je n'aime pas: ....

Je joue d'un instrument de musique?

☐ oui ☐ non

Si oui:

Je joue de la guitare ☐ de la batterie ☐ du saxophone ☐

du violon ☐ du piano ☐ autre: ....

....

Mes sports:

Je fais du/de la/de l' ....

Je joue au/à la ....

MONTRÉAL

VILLE QUÉBÉCOISE

Montréal, la deuxième ville la plus peuplée du Canada, se trouve sur une île du fleuve Saint-Laurent. Elle est située dans la province de Québec, dans l'est du Canada.

24 HEURES À MONTRÉAL

POINTS DE VUE CULTURELS

En 2017, Montréal fêtait son 375e anniversaire. Découverte en 1535 par Jacques Cartier, habitée alors par des Iroquoiens, la ville est ensuite explorée par Samuel de Champlain en 1603, puis colonisée sous le nom de Ville-Marie en 1642 par les Français Paul de Chomedey de Maisonneuve et Jeanne Mance.

Le pont Jacques-Cartier, inauguré en 1930, relie Longueuil à Montréal. Il a pris le nom de celui qui avait longuement décrit le Saint-Laurent et avait été le premier à tracer la carte du fleuve.

L'oratoire Saint-Joseph du Mont-Royal, inauguré en 1904 et terminé en 1967, domine la ville. Il est très imposant : c'est le troisième plus grand oratoire au monde. Il fait partie des lieux historiques nationaux du Canada.

Les forêts couvrent 46 % du Québec. On en trouve quatre types : la forêt laurentienne, où poussent des érables ; la forêt boréale, où poussent des sapins ; la taïga et la toundra. Au printemps, on collecte la sève des érables dans des seaux.

24 HEURES À MONTRÉAL

DICTIONNAIRE VISUEL CHAPITRE 2

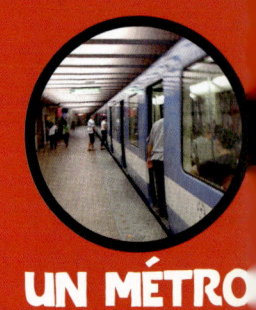

UN MÉTRO

LA NEIGE

UNE MAISON

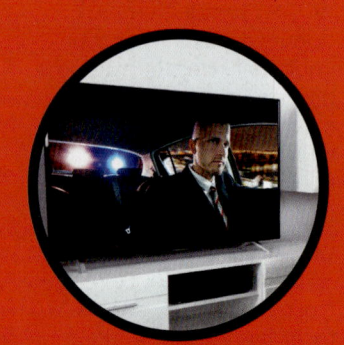

UNE TÉLÉVISION
UNE TÉLÉ

ÊTRE CONTENT / E

UN TEXTO

LA MÉTÉO

DES FRUITS ET DES LÉGUMES

UN MUR

UNE AUTOROUTE

UN RESTAURANT

CHAPITRE 2

Ils traversent les ruelles vertes du quartier Plateau-Mont-Royal. Les maisons sont en briques, plus basses et plus colorées que dans le centre-ville et les murs, couverts de plantes vertes. Des habitants observent, inquiets[16], le ciel changer de couleur.

Chayton arrête Simon :
— C'est un ciel de neige ! Tu peux vérifier[17] la météo sur ton Smartphone ?

LES RUELLES VERTES DU QUARTIER PLATEAU-MONT-ROYAL

Les ruelles vertes sont nées de la mobilisation de citoyens désireux de vivre en harmonie avec leur environnement. Elles se trouvent dans des éco-quartiers et ont été initiées en 2010. On en décompte 346 dans toute la ville.

Le lac aux Castors, dans le parc du Mont-Royal

— Une tempête approche[18], confirme Simon. On annonce beaucoup de neige.

— C'est bien ce que je pensais, la tempête arrive beaucoup plus rapidement que prévu. Mon père me l'a dit ce matin. Tu sais qu'il travaille à la sécurité civile, donc il a des infos plus précises que la télé. Normalement il ne travaille pas le samedi, mais aujourd'hui on l'a appelé en urgence.

— Bon, alors on se dépêche[19]. On va où exactement ? demande Simon.

— Place du Canada, devant le bar l'Escalier.

Ils prennent un métro qui les conduit[20] jusqu'à la station McGill… mais quand ils arrivent sur le lieu du rendez-vous, il n'y a personne !

— Le type vient de m'envoyer un texto. Il dit qu'il nous a attendus mais qu'il a dû partir en urgence. Il dit aussi qu'on peut le retrouver sur la place Ville-Marie. Bizarre ! Pourquoi ce changement ? Je n'aime pas ça ! s'exclame Chayton.

— Comment est-ce qu'il va nous reconnaître[21] ?

— Enfile ton sweat du match et je lui dis qu'on porte le sweat-shirt des Canadiens de Montréal. Avec ça, il ne pourra pas nous rater[22] !

Place Ville-Marie, la neige commence à tomber. Un homme s'approche d'eux, le regard interrogateur :

— La place pour le concert d'Arcade Fair, c'est pour vous ?

— Yes, c'est pour nous ! Je suis content ! s'exclame Chayton.

Il est sur le point de sortir les 150 dollars de son portefeuille.

— Attends ! Montre-moi le billet, demande Simon au vendeur. Il regarde le papier que le vendeur lui tend rapidement.

— C'est un faux ! Il n'a pas de relief[23], c'est une photocopie...

La réaction de l'homme est rapide. Il saisit le portefeuille de Chayton, avec les 150 dollars à l'intérieur, et part en courant... poursuivi[24] par Simon et Chayton ! Après quelques centaines de mètres, il comprend que les garçons vont le rattraper[25] : il préfère jeter le portefeuille par terre. Simon le récupère, et Chayton poursuit encore le voleur sur quelques dizaines de mètres, mais celui-ci disparaît derrière un rideau de neige.

— Laisse tomber[26], Chayton ! On a le portefeuille, et ton argent est dedans, c'est l'essentiel. On descend dans le Réso, il fera plus chaud !

LE RÉSO

Montréal a développé un réseau souterrain de galeries (le Réso) qui relie entre eux de nombreux bâtiments du centre-ville. Avec 32 km de couloirs et 500 000 visiteurs quotidiens, c'est la plus grande ville souterraine au monde ! Il donne accès à des hôtels, à cinq gares et terminus, à huit stations de métro, à cinq universités et au stade olympique ! Les Montréalais peuvent ainsi parcourir, malgré le froid, le Quartier chinois, le Quartier des Spectacles, le Vieux-Montréal et le Quartier international.

Ils s'arrêtent devant des écrans de télévision géants pour regarder les informations. On signale que la circulation automobile est perturbée. Certaines autoroutes sont même bloquées.

— Allons dans le Quartier des spectacles, propose Simon. Avec un peu de chance, on trouvera quelqu'un qui vend une entrée pour le concert devant le Centre Bell, le Métropolis ou le Théâtre Corona.

Ils sortent du métro à la station Place-des-Arts.

Aujourd'hui, c'est le dernier jour de Montréal en lumière, un festival au cours duquel sont projetées d'impressionnantes images sur les façades des immeubles[27].

LE QUARTIER DES SPECTACLES

Situé dans le centre-ville, sur environ 1km^2, c'est le cœur culturel de Montréal. Près de 100 spectacles par mois et 40 festivals par an y sont organisés.

Montréal en lumière, dans le Quartier des spectacles

À cette heure-ci, dans le Quartier des spectacles, il y a beaucoup de monde, car les gens viennent profiter des animations gratuites. Mais la neige tombe, et la place est presque déserte[28]. Chayton et Simon se rendent d'abord au Centre Bell.

Il y a la queue[29] devant la billetterie. Simon dépose un autre message sur le site Kijiji, mais personne n'y répond, et personne ne s'approche d'eux non plus. Simon et Chayton commencent à désespérer. En plus, ils ont très faim. Ils entrent donc dans

LE CENTRE BELL

Depuis 1996, le Centre Bell est le plus grand aréna pour pratiquer le hockey sur glace en Amérique du Nord. C'est là que jouent les célèbres Canadiens de Montréal. C'est aussi l'une des plus grandes salles de concert de la ville, qui accueille des artistes de renommée internationale tels que Lady Gaga ou Arcade Fire.

le premier restaurant qu'ils trouvent, chez A&W. Simon commande un burrito aux haricots rouges, un brownie et des macarons à la noix de coco. Chayton commande une tourtière à la viande, des mini frittatas et des muffins à la courgette, avec un verre de *root beer,* ou racinette, une boisson gazeuse aux extraits de plantes[30].

— Pas très diététique, ce repas, dit Simon. Heureusement que notre entraîneur ne nous voit pas !
— Et heureusement que ma mère n'est pas là ! Elle veut absolument que je mange des fruits à chaque repas, répond Chayton.
— Ah, ah, ah ! Chez moi, c'est pareil, ma mère me dit tout le temps : « Simon, tu dois boire de l'eau. Il faut boire un litre et demi d'eau par jour. Et quand tu fais du sport, tu dois boire encore plus d'eau ! »
— Bon, conclut Chayton en levant son verre de racinette. À ta santé[31] ! Et à la santé de notre entraîneur !

ACTIVITÉS
CHAPITRE 2

❶

Vrai, faux ou on ne sait pas ? Coche la bonne réponse.

Le Réso	Vrai	Faux	On ne sait pas
1. Il est principalement constitué de galeries commerçantes.			
2. C'est la plus grande surface commerciale au monde.			
3. Il permet de se protéger du froid.			
4. Grâce à lui, on se déplace à pied dans la ville entière.			
5. C'est la plus grande ville souterraine au monde.			

❷

Réponds aux questions suivantes.

a) Comment sait-on que la place que Chayton veut acheter est fausse ?

------

b) Pourquoi Chayton et Simon ne vont-ils pas directement dénoncer le voleur à la police ?

------

c) Le Quartier des spectacles accueille des concerts le soir. Mais le jour de l'histoire, un autre événement a lieu, lequel ?

3

Vous avez rendez-vous avec quelqu'un qui ne vous connaît pas. Décrivez-vous (vêtements, apparence physique…).

J'ai les cheveux ....

Mes yeux sont ....

Je mesure ....

Je porte ....

4

Chayton et Simon commandent des plats au restaurant. Associe les photos aux plats.
Lesquels aimerais-tu goûter ?

1. Des mini frittatas ☐
2. Des brownies ☐
3. De la tourtière à la viande ☐
4. Des macarons à la noix de coco ☐
5. Des muffins à la courgette ☐
6. Des burritos aux haricots rouges ☐

MONTRÉAL

LA VILLE AUX CENT CLOCHERS

Si Montréal est situé sur le continent américain, ses influences européennes sont bien visibles à différents niveaux. Cela commence par la langue, car on y parle aussi bien anglais que français. Montréal est la ville francophone la plus peuplée d'Amérique...

Le Vieux-port de Montréal

24 HEURES À MONTRÉAL

POINTS DE VUE
CULTURELS

Du fait de ses nombreuses églises, l'écrivain américain Mark Twain a surnommé Montréal « La ville aux cent clochers » lors de sa première visite, en 1881. C'est aussi à Montréal qu'on trouve la grande bibliothèque du Québec, la bibliothèque la plus fréquentée de la francophonie.

Le Vieux-Montréal est le centre historique de la ville. Avec ses places et ses rues étroites, le quartier a des allures de ville européenne et témoigne du passé colonial de Montréal !

Ville-Marie, le centre économique de Montréal, a tout d'un quartier d'affaires américain avec ses gratte-ciels et ses larges avenues…

Montréal a accueilli plusieurs événements internationaux comme l'Exposition universelle de 1967 et les jeux Olympiques d'été de 1976. L'immense parc olympique international en forme de coquillage en témoigne.

27

24 HEURES À MONTRÉAL

DICTIONNAIRE VISUEL CHAPITRE 3

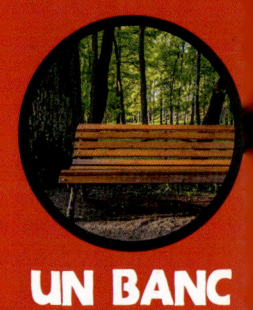

UN BANC

UNE COUVERTURE

UNE RUE

UNE BOISSON CHAUDE

DES CRÊPES

28

UNE MOTONEIGE

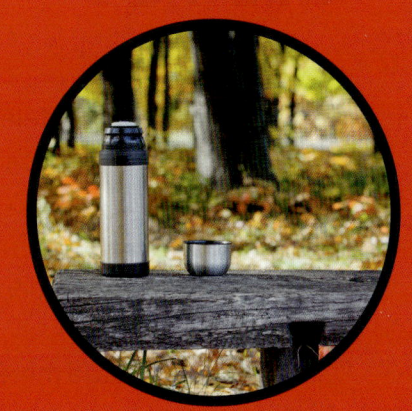

UN THERMOS

UNE VOITURE

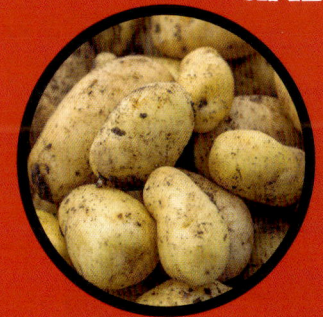

DES POMMES DE TERRE

UN PLAT

CHAPITRE 3

Il est 16 heures. Le téléphone de Chayton sonne. C'est son père qui appelle. Il décroche[32].
— Allô, papa ?
— Où es-tu ?
— Je suis en ville, dans le Quartier des spectacles avec Simon, pourquoi ?
— Tu n'as pas vu la météo ? La tempête de neige est violente. Tu devrais rentrer à la maison.

LES SAISONS

Au Québec, le **printemps** dure de mars-avril à juin environ. Il est souvent pluvieux.

L'**été**, de juillet à septembre, est parfois prolongé par un « été indien » (de mi-septembre à mi-octobre) : les températures remontent avant le gel hivernal.

L'**automne** est la saison la plus courte, et il commence à geler.

L'**hiver**, de décembre à mars, est la saison la plus longue. Les températures montent rarement au-dessus de 0°C. Il neige beaucoup et il y a des tempêtes !

— Mais je vais au concert d'Arcade Fair, ce soir, au Bell.
— Tu ne comprends pas : le concert va être annulé !
— Quoi ? Tu en es sûr ? demande Chayton, déçu[33].
— Écoute, à la sécurité civile on travaille tous comme des fous depuis une heure. La neige bloque tout. On dit aux gens de rester dans leur voiture, on leur donne des couvertures et des boissons chaudes. On déplace seulement les personnes en danger.
— Mais là, tu es à la maison ?
— Non, je vais rentrer. Je suis sur l'autoroute 20, et il y a déjà trente centimètres de neige. D'ailleurs, le van d'Arcade Fair est bloqué lui aussi au niveau de la sortie d'autoroute de Belœil. Il n'y a aucune visibilité, et le vent ne permet pas de secours par hélicoptère. Le concert n'aura pas lieu, c'est sûr et certain. J'aimerais que tu rentres à la maison !
— O.K., on se voit plus tard, papa…

Chayton raccroche[34] et se tourne vers Simon :
— Simon, mon père vient de me révéler un truc incroyable ! Les musiciens d'Arcade Fair sont bloqués près de Belœil. Ils ont pris l'autoroute 20 cet après-midi pour rejoindre[35] Montréal. Le concert de ce soir au Centre Bell est annulé. Inutile de chercher un billet !

La neige tombe de plus en plus fort, on ne voit plus rien. La biosphère de Montréal est à peine visible au loin…

Les gens quittent les rues et entrent dans les galeries commerçantes du Réso pour se protéger. Chayton et Simon y retournent[36]. Ils trouvent un banc où ils s'assoient pour faire une pause. Simon envoie un texto à Caroline pour l'informer que le concert est annulé.

Soudain, Chayton s'exclame :
— Écoute, j'ai une idée ! On rentre chez moi, on prend la motoneige de mon père et on rejoint Win et ses musiciens !
— T'es complètement fou !
— C'est une occasion unique de rencontrer l'un de tes chanteurs préférés et ses musiciens. On appellera Caroline ! Tu imagines sa surprise ?
— Et comment on va les trouver ? Tu sais conduire[37] une motoneige, toi ?

LA BIOSPHÈRE

La biosphère de Montréal est située dans le parc Jean-Drapeau, sur l'île Sainte-Hélène. C'était le pavillon des États-Unis lors de l'exposition universelle de 1967. Aujourd'hui, elle présente des expositions environnementales sur l'eau, l'air, le développement durable et les changements climatiques.

— Oui, mais je peux la conduire seulement si je suis accompagné par quelqu'un qui a le permis depuis deux ans… Comme toi, par exemple. Tu vas voir, une motoneige, c'est génial! On a beaucoup de sensations et il y a peu de risques. En plus, je conduis très bien.

Simon hésite.

— Tu as peur ? demande Chayton.

— Quoi, peur, moi ? Pas du tout. C'est d'accord, on y va !

Il est 17 heures lorsqu'ils arrivent chez Chayton. Ils trouvent la table couverte de bonnes choses à manger.

Il y a aussi un mot : « Mon potluck avec les voisins est annulé. Prends ce que tu veux pour ton souper[38] ! Moi, je suis

LE POTLUCK

Au Canada, lors d'un potluck, chaque invité apporte un plat à partager avec les autres convives. Tous les plats sont disposés sur une table. C'est une manière d'inviter du monde sans trop dépenser, qui est courante chez les étudiants.

La poutine, le plat québécois le plus connu

partie chez tante Lucie. Je crois que je vais dormir chez elle. Bon appétit ! Maman »

Il y a une quantité impressionnante de plats sur la table : de la poutine à réchauffer, des pommes de terre rissolées, des pâtés au homard, des fèves au lard, des saucisses, des beignets, des brownies et des crêpes au sirop d'érable.

LES PAYSAGES QUÉBÉCOIS

Le Québec est l'une des plus belles régions du monde. Parmi les endroits à découvrir : le parc de la Jacques-Cartier, le parc Forillon, le parc des Hautes-Gorges-de-la-Rivière-Malbaie, le parc national de la Mauricie, la chute Montmorency, le Parc Oméga, le parc des Monts-Valin… Automne, hiver, printemps ou été, chaque saison révèle les merveilles de la nature !

La chute Montmorency gelée, près de la ville de Québec

Les deux amis mettent dans un sac isotherme[39] les délicieux petits plats et deux thermos de jus de pomme chaud. Ils emportent le sac dans le garage[40], où se trouve la motoneige, et s'habillent avec les vêtements professionnels du père de Chayton. Dans le cadre de son travail à la sécurité civile, il a une série de sous-vêtements thermiques[41], des combinaisons de motoneige, des gants de protection, des chaussettes en laine et des bottes spéciales, faites de caoutchouc, de cuir et de nylon très résistant. Avec ce genre de vêtements, on est protégé, même à −40 °C.

Avant de partir, Simon envoie un texto à ses parents :
« Hello les parents ! Ne vous inquiétez pas pour la tempête. On fait un tour en motoneige, Chayton et moi, et on est bien équipés[42]. À demain, Sim »

ACTIVITÉS
CHAPITRE 3

❶

Complète le message de la sécurité civile en cas de tempête de neige avec les mots ci-dessous :

voiture | secours | couvertures | moteur | chaudes | danger | tempête

Restez dans votre .... Laissez tourner le .... Si vous êtes en difficulté, appelez les .... Nous vous apportons des .... et des boissons .... Restez calme, attendez la fin de la .... La sécurité civile évacue seulement les personnes qui sont en ....

❷

Choisis la réponse correcte parmi les propositions.

1. Chayton et Simon apprennent que le concert d'Arcade Fair est annulé. Ils sont :

a) déçus

b) surpris

c) contents

2. Chayton imagine que Caroline, en le voyant avec les membres d'Arcade Fair, sera :

a) déçue

b) impressionnée

c) choquée

3. Chayton veut rejoindre Wim et ses musiciens en motoneige. Il a besoin de Simon :

a) parce qu'il a peur d'être seul sous la tempête de neige.

b) parce qu'il doit être accompagné de quelqu'un qui a le permis de conduire depuis deux ans.

c) parce qu'il n'est pas sûr de conduire correctement.

3

Associez les mots aux images.

1. Des gants
2. Des chaussures
3. Des chaussettes
4. Des bottes
5. Un maillot de bain

ÇA BOUGE!

LA FIN DE SEMAINE

Montréal, avec son université (l'UQAM), est une ville culturelle, étudiante et festive qui organise des événements tout au long de l'année... et la fin de semaine (le week-end)!

Le Festival International du Jazz de Montréal

24 HEURES À MONTRÉAL

POINTS DE VUE
CULTURELS

Les concerts d'Igloofest, les FrancoFolies, le festival international de jazz de Montréal, Juste pour rire... Entre musique, théâtre et comédie, Montréal vibre en toute saison !

Igloofest rassemble des milliers d'amateurs de musique électronique et d'hiver au Vieux-Port de Montréal... pour des nuits de folie !

Le théâtre d'improvisation est né au Québec, où les plus célèbres troupes jouent encore. Alors, Montréal, terre d'humour ? On y assiste également au festival Juste pour rire.

Comme à La Rochelle, depuis 1989, le festival des FrancoFolies a lieu à Montréal. De grandes stars de la chanson francophone y sont déjà venues, tels Vanessa Paradis, Jane Birkin, Indochine, Patrick Bruel ou Oxmo Puccino.

39

24 HEURES À MONTRÉAL

DICTIONNAIRE VISUEL CHAPITRE 4

UN PHARE

UN CASQUE

UN CAMION

UN JEAN

DES BASKETS

DES INSTRUMENTS DE MUSIQUE

UN PULL-OVER

UNE VESTE

UNE CABANE

CHAPITRE 4

Il est 18 heures. Les deux amis posent sur leur tête un casque équipé d'une visière[43] chauffante et d'un téléphone intégré. Ils sont prêts pour l'aventure[44] ! La motoneige démarre instantanément. Le soir est tombé sur les champs enneigés. Il faut allumer les phares parce que la visibilité est très limitée. Grâce au kit *Bluetooth*, les deux amis peuvent se parler malgré[45] le bruit du moteur et du vent.

— Tu m'entends bien avec le casque ? demande Chayton.
— Parfaitement. Tu es sûr que notre expédition est une bonne idée ?
— Oui, oui ! Allez, on y va !

Les voitures et les camions sont arrêtés, mais la motoneige passe sans problème à côté des obstacles[46]. Certaines sections de la route[47] sont libres, Chayton peut alors accélérer, pour son plus grand plaisir ! Mais, soudain, la motoneige se retrouve face à une colonne[48] de Jeep aux gyrophares allumés.
— Oh oh ! Les services de la sécurité civile sont là. J'espère qu'ils vont nous laisser passer ! dit Simon.
— Ne t'inquiète pas… Ils sont trop occupés à[49] apporter des couvertures et des boissons chaudes aux gens dans les voitures.
— On ne voit rien ! Comment fais-tu pour conduire ? demande Simon.

— C'est difficile et il est impossible d'aller plus vite…
— D'accord, je préfère quand tu roules plus lentement.
— Courage, dit Chayton, la sortie de Belœil n'est plus très loin.

En effet, la motoneige s'approche de l'endroit indiqué par le père du jeune homme. Chayton s'approche sans hésiter d'un camion sur lequel est écrit «Arcade Fair Live Tour». La motoneige s'arrête à quelques mètres. On entend des accords de[50] guitare.

— Je crois qu'ils sont là! dit Simon.
— Oui, aucun doute!

Simon et Chayton retirent[51] leurs casques et se regardent en souriant. Chayton frappe à la porte du van.
— Salut les gars! leur lance Win, dans un français très correct, après avoir ouvert la porte. Qui êtes-vous?

Chayton est très impressionné d'être à quelques mètres de la star.
— Euh, salut! On ne vous dérange[52] pas? Je suis Chayton, et lui c'est Simon, on est fans de votre musique! On vous apporte[53] des spécialités québécoises…
— C'est trop gentil! répond le chanteur. Entrez, vous êtes les bienvenus!

Les musiciens se présentent: il y a deux guitaristes, deux bassistes, un batteur et un violoniste.

— Alors, vous annulez le concert[54] au Bell ? demande Simon.
— Oui, il faut l'annuler, toute la ville est paralysée[55], répond Win. Comment vous nous avez trouvés ?
— On était dans le Vieux-Montréal, explique Chayton. On voulait acheter un billet pour votre concert. Mon père m'a appelé. Il travaille à la sécurité civile et il m'a dit que votre van était bloqué sur la route à Belœil à cause de la neige. On habite près d'ici, alors on a décidé de venir vous rejoindre.
— Vous connaissez bien la région ? demande Win. Alors, expliquez à Paul, notre saxophoniste, que son idée est bête. Il prétend[56] qu'il y a une cabane à sucre à trois ou quatre kilomètres d'ici et qu'on peut y aller à pied.

LES CABANES À SUCRE

Le Québec produit 71% du sirop d'érable mondial. C'est dans les cabanes à sucre qu'on fabrique le sirop d'érable et les produits de l'érable (beurre, sirop, gelée...). On en trouve dans les forêts, où est récoltée la sève des érables. Au début du XXe siècle, de nombreuses familles possédaient une cabane à sucre. Aujourd'hui, les cabanes à sucre sont parfois devenues des restaurants ou des lieux commerciaux.

— Quelle cabane à sucre ? interroge Simon.
— À la Feuille d'Érable, indique Paul.
— Oui, on la connaît, répond Chayton. Elle est tout près d'ici. Mais ce n'est pas possible d'y aller maintenant. Vous n'êtes même pas équipés…
— Je n'ai pas peur d'un peu de neige ! affirme le saxophoniste. Je vais voir dehors.

Il porte seulement un jean, des baskets, un pull-over et une veste légère. Après quelques secondes, on entend un rire et tout le monde va voir ce qui se passe : Paul a glissé et il est couché dans cinquante centimètres de neige, forcé d'admettre qu'aller à pied jusqu'à la cabane à sucre est impossible…

LA FEUILLE D'ÉRABLE, UN EMBLÈME ?

L'érable est un arbre très présent au Québec. Les Indiens d'Amérique du Nord avaient découvert les multiples qualités de la sève, en particulier pour faire du sirop. Aujourd'hui, la feuille d'érable figure sur le drapeau canadien, mais les Québécois ont leur propre drapeau, bleu avec une croix blanche et quatre fleurs de lys.

Ils ont tout ce qu'il faut pour faire la fête, non seulement à boire et à manger, mais aussi leurs instruments de musique et une sono[57] alimentée par la batterie du van.

Win demande à Simon :
— Est-ce que vous jouez d'un instrument ?
— Moi, non, répond Simon.
— Moi, j'apprends la guitare depuis trois ans, enchaîne Chayton.
— Super ! On est en train de composer une nouvelle chanson qui s'appellera *It's Only Love*. On vous la joue et vous nous dites ce que vous en pensez. D'accord ? Vous serez notre premier public !

Chayton a ainsi la chance exceptionnelle d'écouter une chanson inédite de Win ! Puis, le groupe rejoue tous ses anciens succès. L'ambiance devient de plus en plus amicale, et la fête se prolonge…

Simon prend des photos et les envoie à Caroline. Il contacte aussi ses parents pour les rassurer…

Vers minuit, on entend frapper à[58] la porte du van.
— Ouvrez-moi ! Je suis le père de Chayton !
— Oh non…

Chayton rougit. Son père entre et se tourne vers les deux garçons.
— Les gars[59], ça ne va pas bien ? Qu'est-ce que vous faites là ? La tempête bloque toute la circulation, vous avez de la chance que je travaille ici… Allez, on rentre !

En voyant l'air déçu de Chayton, la stupéfaction[60] du groupe et l'ambiance tendue[61], il ajoute :

— O.K. On revient demain matin si vous voulez. Mais hors de question de vous laisser passer la nuit dans le van...

Toute la nuit, les chasse-neige dégagent les alentours[62] de Montréal. Quand le jour se lève, la route est de nouveau praticable. Comme promis, le père de Chayton raccompagne les deux amis au bus de tournée dès le matin. Win propose un brunch dans la cabane à sucre À la feuille d'érable.

Au même moment, Chayton reçoit un texto... de Caroline ! Il regarde Simon, surpris.

— Comment elle a eu mon numéro ?

— Ben, parce que t'as un super copain ! J'ai bien compris qu'il y avait quelque chose entre vous. Qu'est-ce qu'elle te dit ?

— Qu'elle veut me voir !

Simon se tourne vers[63] Win et demande si Caroline, la copine de Chayton, peut les rejoindre dans la cabane à sucre.

— Bien sûr ! répond Win. There's only love ! Il n'y a que l'amour !

— Et l'amitié, mon pote ! conclut Chayton en tapant sur l'épaule de Simon.

Sans Simon, rien ne serait arrivé... Vive l'amitié !

ACTIVITÉS
CHAPITRE 4

1

Vrai, faux ou on ne sait pas ? Coche la bonne réponse.

	Vrai	Faux	On ne sait pas
1. Chayton et Simon se parlent facilement sur la motoneige.			
2. Simon demande à Chayton d'accélérer.			
3. Chayton et Simon sont suffisamment protégés du froid.			
4. Ils identifient le van d'Arcade Fair uniquement grâce au son d'une guitare.			
5. Chayton et Simon connaissent bien la région où le van est bloqué.			
6. Paul veut passer la soirée dans une cabane à sucre.			
7. Chayton ne peut pas prendre de selfies avec son portable.			
8. Une « cabane à sucre » porte ce nom parce que le sucre est blanc comme la neige.			
9. Chayton et Simon attendent l'intervention des chasse-neige pour partir en motoneige.			

2

Quel est ton groupe de musique préféré ? Décris-le (nationalité, style, titre de ses albums...)

3

Complète le message que Caroline a écrit à Chayton.

chouette | impressionnée | sûre | libre | extraordinaire

< Chayton

Je suis _____ ! Comment tu as fait pour rencontrer le groupe Arcade Fair ? Je suis _____ que tu as passé une soirée _____ !
Ce serait _____ d'aller prendre un pot ensemble. Je suis _____ samedi prochain. Et toi ?
Caroline

GRAND FROID!

VIRÉE SOUS LA NEIGE

L'hiver à Montréal est très froid, avec des températures descendant parfois jusqu'à −30°C! Les Montréalais s'y sont habitués et vivent en conséquence...

24 HEURES À MONTRÉAL

POINTS DE VUE
CULTURELS

En hiver, les Montréalais se déplacent avec des moyens de transport insolites. Il arrive parfois de croiser des habitants chaussés de patins à glace ou de raquettes!

À Montréal, et dans la province de Québec, on déguste le sirop d'érable sous forme de glace. C'est ce qu'on appelle la tire: le sirop d'érable chaud est refroidi et roulé en petites glaces dans la neige. Miam!

Les habitants sont équipés pour l'hiver: on trouve par exemple très souvent dans les voitures des pelles et de petites balayettes à neige, au cas où il y aurait une tempête.

Il fait si froid dans la région que, dans la ville de Québec, il existe un hôtel fait entièrement en glace! L'Hôtel de glace est constitué d'igloos dans lesquels on peut passer la nuit.

GLOSSAIRE

Chapitre 1

FRANÇAIS	ANGLAIS	ESPAGNOL	ALLEMAND	ITALIEN
1. successif	in a row	sucesivo	aufeinanderfolgend	successivo
2. remporter (le match, la victoire…)	to win (a match, a victory…)	llevarse (el partido, la victoria, etc.)	gewinnen (das Spiel), davontragen (den Sieg)	vincere una partita, ottenere una vittoria
3. avoir l'impression de/que	to have the impression of/that	tener la impresión de/de que	den Eindruck haben, dass	avere l'impressione di/che
4. embrasser quelqu'un	to kiss someone	besar a alguien	jemanden umarmen	baciare qualcuno
5. s'adresser à quelqu'un	to speak to someone	dirigirse a alguien	sich an jemanden wenden	rivolgersi a qualcuno
6. rougir	to blush	ponerse rojo	erröten	arrossire
7. un pote (familier)	a mate/buddy (informal)	un colega (familiar)	ein Kumpel (umgangssprachlich)	un amico (colloquiale)
8. une joke, en français québécois (une blague)	a joke (in Quebec French)	una broma, en francés de Quebec	ein Witz (in Québec-Französisch)	joke è un termine del francese del Québec che significa "scherzo"
9. c'est mon genre / ce n'est pas mon genre	that's my type / that's not my type	es mi tipo / no es mi tipo	das liegt mir / das liegt mir nicht	è il mio tipo / non è il mio tipo
10. faire semblant de	to pretend to	fingir	so tun, als ob	fare finta di
11. se moquer de quelqu'un	to make fun of someone	burlarse de alguien	sich über jemanden lustig machen	prendere in giro qualcuno
12. une banlieue	a suburb	un barrio en las afueras	ein Vorort, Stadtrandgebiet	un sobborgo
13. être l'occasion de	to be an opportunity to	ser el momento de	die Gelegenheit sein für/um zu	essere l'occasione per
14. longtemps	for a long time	mucho tiempo	seit geraumer Zeit	per molto tempo
15. prêter de l'argent	to lend money	prestar dinero	Geld leihen	prestare dei soldi

Chapitre 2

FRANÇAIS	ANGLAIS	ESPAGNOL	ALLEMAND	ITALIEN
16. être inquiet(e)	to be worried	estar inquieto/a	unruhig sein	essere agitato(a)
17. vérifier quelque chose	to check something	comprobar algo	etwas nachschauen, überprüfen	controllare qualcosa
18. approcher	to approach	acercarse	(näher) kommen	avvicinarsi
19. se dépêcher	to hurry	darse prisa	sich beeilen	sbrigarsi
20. conduire quelqu'un quelque part	to take someone somewhere	llevar a alguien a algún sitio	jemanden irgendwo hin bringen, fahren	portare qualcuno da qualche parte
21. reconnaître quelqu'un	to recognize someone	reconocer a alguien	jemanden erkennen	riconoscere qualcuno
22. rater quelqu'un (familier)	to miss someone (informal)	no encontrar / no ver a alguien (familiar)	jemanden verpassen (umgangssprachlich)	mancare, lasciarsi sfuggire qualcuno (colloquiale)
23. avoir du relief	to have raised print	tener relieve	Relief (unebene Oberfläche) haben	essere in rilievo
24. poursuivre / être poursuivi(e)	to chase / to be chased	perseguir / ser perseguido/a	verfolgen / verfolgt werden	seguire / essere seguito/a
25. attraper quelque chose/ rattraper quelqu'un	to catch something / to catch up with someone	coger algo / atrapar a alguien	etwas erwischen / jemanden wieder einholen	prendere qualcosa / raggiungere qualcuno
26. laisse tomber !	forget it!	¡déjalo!	Vergiss es! Lass es sein!	lascia perdere !
27. une façade d'immeuble	a building's façade	una fachada de edificio	eine Gebäudefassade	la facciata di un edificio
28. une place déserte	an empty square	un lugar desierto	ein leerer Platz	una piazza deserta
29. faire la queue	to queue / line up	hacer cola	Schlange stehen	fare la coda
30. à l'extrait de/aux extraits de	with … extract / s	con extracto/s de	mit Pflanzenextrakten	agli estratti di
31. à ta santé ! / Santé ! / Tchin Tchin !	cheers!	¡a tu salud! / ¡Salud! / ¡Chinchín!	Auf deine Gesundheit! / Zum Wohl! / Prost!	alla tua ! / salute ! / cin cin !

FRANÇAIS	ANGLAIS	ESPAGNOL	ALLEMAND	ITALIEN
32. décrocher (le téléphone)	to answer (the phone)	contestar (el teléfono)	(das Telefon) abnehmen	prendere la chiamata (al telefono)
33. être déçu(e)	to be disappointed	estar decepcionado/a	enttäuscht sein	essere deluso(a)
34. raccrocher (le téléphone)	to hang up (the phone)	colgar (el teléfono)	(das Telefon) auflegen	riagganciare (il telefono)
35. rejoindre (un lieu)	to get to (a place)	llegar a (un lugar)	(an einen Ort) gelangen	raggiungere (un luogo)
36. retourner quelque part	to go back somewhere	volver a algún lugar	an einen Ort zurückkehren	tornare da qualche parte
37. conduire	to drive	conducir	fahren	guidare
38. un souper, en français québécois (un dîner)	dinner, in Quebec French	una cena, en francés de Quebec	ein Abendessen (in Québec-Französisch)	souper è un termine del francese del Québec che significa "cena"
39. un sac isotherme	a cooler bag	una bolsa isotérmica	eine Thermotasche	una borsa frigo / termica
40. un garage	a garage	un garaje	eine Garage	un garage
41. thermique	thermal	térmico/a	thermisch	termico
42. être équipé	to be equipped	estar equipado	ausgerüstet sein	essere equipaggiati

Chapitre 3

FRANÇAIS	ANGLAIS	ESPAGNOL	ALLEMAND	ITALIEN
43. une visière	a visor	una visera	ein Visier	una visiera
44. être prêt pour l'aventure	to be ready for adventure	estar listo para la aventura	bereit sein für das Abenteuer	essere pronti all'avventura
45. malgré	despite	a pesar de	trotz	malgrado
46. un obstacle	an obstacle	un obstáculo	ein Hindernis	un ostacolo
47. une section de route	a section of road	una parte de la carretera	ein Streckenabschnitt	un tratto di strada
48. une colonne	a column	una fila	eine Kolonne	una colonna
49. être occupé à faire quelque chose	to be busy doing something	estar ocupado en hacer algo	damit beschäftigt sein, etwas zu tun	essere occupati a fare qualcosa
50. un accord de musique	a music chord	un acorde de música	ein Musikakkord	un accordo musicale
51. retirer	to take off	quitarse	ausziehen	recuperare
52. déranger quelqu'un	to disturb someone	molestar a alguien	jemanden stören	disturbare qualcuno
53. apporter quelque chose à quelqu'un	to bring something for someone	traer algo a alguien	jemandem etwas bringen	portare qualcosa a qualcuno
54. annuler un concert	to cancel a concert	anular un concierto	ein Konzert absagen	annullare un concerto
55. être paralysé (au sens figuré)	to be paralyzed (figuratively)	estar paralizado (en sentido figurado)	lahmgelegt sein (im bildlichen Sinne)	essere paralizzato (in senso figurato)
56. prétendre quelque chose	to claim something	asegurar algo	etwas behaupten	sostenere qualcosa
57. une sono (familier) / une sonorisation	a sound system	un equipo de sonido (familiar)	*Lautsprecheranlage*	termine colloquiale che sta per sonorisation e significa "impianto stereo"
58. frapper à la porte	to knock at the door	llamar a la puerta	an die Tür klopfen	bussare alla porta
59. les gars (familier)	guys (informal)	chicos (familiar)	Leute (umgangssprachlich)	ragazzi (colloquiale)
60. la stupéfaction	astonishment	la estupefacción	die Verblüffung	la sorpresa
61. une ambiance tendue	a tense atmosphere	un ambiente tenso	angespannte Atmosphäre	un'atmosfera tesa
62. les alentours	the surrounding area	los alrededores	die Umgebung	i dintorni
63. se tourner vers quelqu'un	to turn toward someone	girarse hacia alguien	sich jemandem zuwenden	voltarsi verso qualcuno

Chapitre 4

Montréal
VILLE QUÉBÉCOISE
.... **p. 14-15**

Montreal - CITY OF QUEBEC
Montreal, the second most populated city of Canada, is located on an island of the St. Lawrence River. It is situated in the province of Quebec, in the east of Canada.

In 2017, Montreal celebrated its 375th anniversary. Discovered in 1535 by Jacques Cartier, at the time inhabited by Iroquoians, the city was then explored by Samuel de Champlain in 1603, and finally colonized with the name Ville-Marie in 1642 by the French colonists Paul de Chomedey de Maisonneuve and Jeanne Mance.

Jacques Cartier Bridge, opened in 1930, links Longueuil and Montreal. It took its name from someone who described the St. Lawrence River at length and who was the first to map the course of the river.

Saint Joseph's Oratory of Mount Royal, opened in 1904 and completed in 1967, overlooks the city. It is a formidable building, and is the third biggest oratory in the world. It is a national historic site of Canada.

Forests cover 46% of Quebec. There are four types: Laurentian forest, where maple trees grow; boreal forest, where fir trees grow; taiga and tundra. In the springtime, maple sap is collected in buckets.

Montreal - CIUDAD QUEBEQUENSE
Montreal, la segunda ciudad más poblada de Canadá, se encuentra situada en una isla del río San Lorenzo, en la provincia de Quebec, en el este de Canadá.

En 2017, Montreal celebró su 375º aniversario. La ciudad, entonces habitada por iroqueses, fue descubierta en 1535 por Jacques Cartier. En 1603 fue explorada por Samuel de Champlain y, más tarde, en 1642, fue colonizada con el nombre de Ville-Marie por los franceses Paul de Maisonneuve y Jeanne Mance.

El puente Jacques-Cartier, inaugurado en 1930, une Longueuil y Montreal. Debe su nombre a la persona que describió ampliamente el San Lorenzo y la primera en trazar el mapa del río.

El Oratorio de San José del Monte Real, inaugurado en 1904 y finalizado en 1967, domina la ciudad. Su figura impone: es el tercer mayor oratorio del mundo y uno de los lugares históricos nacionales de Canadá.

Los bosques cubren el 46 % de Quebec. Podemos encontrar cuatro tipos: el bosque laurentino, donde crecen arces; el bosque boreal, donde crecen abetos; la taiga y la tundra. Durante la primavera, la savia de los arces se recoge en cubos.

Montréal - STADT IN QUÉBEC

Montréal, in ihrer Einwohnerzahl die zweitgrößte Stadt Kanadas, befindet sich auf einer Insel im Fluss Saint-Laurent. Sie liegt in der Provinz Québec im Osten Kanadas.

Im Jahr 2017 hat Montréal seinen 375sten Geburtstag gefeiert. 1535 von Jacques Cartier entdeckt und zu jener Zeit von den Irokesen bewohnt, wurde die Stadt im Jahr 1603 von Samuel de Champlain ausgiebiger erkundet und 1642 schließlich unter dem Namen Ville-Marie durch die Franzosen Français Paul de Chomedey de Maisonneuve und Jeanne Mance kolonialisiert.

Die Brücke Jacques-Cartier, 1930 eingeweiht, verbindet Longueuil mit Montréal. Sie hat den Namen dessen angenommen, der Saint-Laurent ausführlich beschrieben und als erster die Karte des Flusses gezeichnet hatte.

Das Oratorium Saint-Joseph du Mont-Royal, ab 1904 erbaut und im Jahr 1967 fertiggestellt, dominiert die Stadt. Es ist sehr imposant: es ist das drittgrößte Oratorium der Welt. Es gehört zu den nationalhistorischen Stätten Kanadas.

Die Wälder bedecken 46 % von Québec. Es gibt davon vier Arten: der laurentinische Mischwald, wo Ahorn wächst; der nördliche Wald, wo Tannenbäume wachsen; die Taiga und die Tundra. Im Frühling wird der Ahornsaft in Kübeln eingesammelt.

Montréal - CITTÀ DEL QUÉBEC

Montréal, la seconda città più popolosa del Canada, sorge su un'isola del fiume San Lorenzo. È situata nella provincia del Québec, nella zona orientale del Canada.

Nel 2017, Montréal ha festeggiato il suo 375esimo anniversario. Scoperta nel 1535 da Jacques Cartier e abitata all'epoca dagli Irochesi, la città è stata esplorata da Samuel de Champlain nel 1603 e infine colonizzata nel 1642 dai francesi Paul de Chomedey de Maisonneuve e Jeanne Mance, con il nome di Ville-Marie.

Il ponte Jacques-Cartier, inaugurato nel 1930, unisce Longueuil a Montréal. Deve il proprio nome a colui che aveva dettagliatamente descritto il San Lorenzo e tracciato per primo la mappa del fiume.

Domina la città l'oratorio di Saint-Joseph du Mont-Royal, iniziato nel 1904 e terminato nel 1967, una costruzione molto imponente: è il terzo oratorio al mondo in ordine di grandezza e fa parte dei siti storici nazionali del Canada.

Il Québec è coperto da boschi e foreste per il 46% della superficie. Ve ne sono di quattro tipi: la foresta laurenziana, dove crescono gli aceri, la foresta boreale, dove spuntano gli abeti, la taiga e la tundra. In primavera, la linfa degli aceri viene raccolta nei secchi.

Montréal
LA VILLE AUX CENT CLOCHERS
.... **p. 26-27**

Montreal
THE CITY OF A HUNDRED BELL TOWERS
Although geographically Montreal is on the American continent, its European influences are clearly visible on several levels. This can be seen first with the language, as both English and French are spoken. Montreal is the most populated French-speaking city of America...

Because of its numerous churches, the American author Mark Twain called Montreal «The city of a hundred bell towers» during his first visit, in 1888. Montreal is also the location of the Grande Bibliothèque du Québec, the most visited library in the French-speaking world.

Old Montreal is the historic city centre. With its squares and narrow streets, this neighbourhood recalls a European city and bears witness to Montreal's colonial past!

Ville-Marie, the economic centre of Montreal, has everything you would expect from an American business district, with skyscrapers and wide avenues...

Montreal has hosted several international events, including the 1967 Universal Exposition and the 1976 Summer Olympics. The huge international Olympic Park in the shape of a shell is evidence of this.

Montreal
LA CIUDAD DE LOS CIEN CAMPANARIOS
A pesar de que Montreal está situada en el continente americano, sus influencias europeas son bien visibles en diferentes niveles, empezando por el idioma: se habla tanto inglés como francés. Montreal es la ciudad francófona más poblada de América.

Debido a sus numerosas iglesias, Mark Twain apodó Montreal «la ciudad de los cien campanarios» en su primera visita, en 1888. También encontramos en Montreal la Gran Biblioteca de Quebec, la más visitada de la francofonía.

El Vieux-Montreal (antiguo Montreal) es el centro histórico de la ciudad. Con sus plazas y sus calles estrechas, el barrio tiene un aire de ciudad europea y atestigua el pasado colonial de Montreal.

Ville-Marie, el centro económico de la ciudad, tiene todas las características de una zona de negocios estadounidense, con rascacielos y grandes avenidas.

Montreal ha acogido varios acontecimientos internacionales, como la Exposición Universal de 1967 y los Juegos Olímpicos de verano de 1976. El inmenso parque olímpico internacional en forma de concha es prueba de ello.

Montréal
DIE STADT DER HUNDERT GLOCKENTÜRME

Wenngleich Montréal sich auf dem amerikanischen Kontinent befindet, so sind seine europäischen Einflüsse auf verschiedenen Ebenen gut sichtbar. Dies beginnt mit der Sprache, denn Englisch und Französisch werden gleichermaßen gesprochen. Montréal ist die bevölkerungsreichste frankophone Stadt Amerikas…

Aufgrund seiner zahlreichen Kirchen hat der amerikanische Schriftsteller Mark Twain Montréal bei seinem ersten Besuch den Beinamen „Die Stadt der hundert Glockentürme" gegeben. In Montréal befindet sich auch die größte Bibliothek Québecs, die meistbesuchte Bibliothek der frankophonen Gemeinschaft.

Alt-Montréal bildet das historische Stadtzentrum. Mit seinen Plätzen und engen Straßen hat das Viertel den Stil einer europäischen Stadt und zeugt von der kolonialen Vergangenheit Montréals!

Ville-Marie, das wirtschaftliche Zentrum Montréals, hat mit seinen Wolkenkratzern und großen Straßen alles von einem amerikanischen Geschäftsviertel…

Montréal hat mehrere internationale Ereignisse bei sich begrüßt, darunter die Weltausstellung im Jahr 1967 und die Olympischen Sommerspiele 1976. Von ihnen zeugt der riesige internationale Olympiapark in Form einer Muschel.

Montréal
LA CITTÀ DEI CENTO CAMPANILI

Anche se Montréal si trova sul continente americano, le influenze europee sono ben visibili in tanti aspetti diversi. Innanzitutto nella lingua, perché si parlano sia l'inglese che il francese. Montréal è la città francofona più popolosa d'America…

La prima volta che visitò Montréal, nel 1881, lo scrittore americano Mark Twain la soprannominò "la città dei cento campanili" a causa delle sue numerose chiese. A Montréal si trova anche la grande biblioteca del Québec, la più frequentata del mondo francofono.

La Vecchia Montréal è il centro storico della città. Con le sue piazze e le sue viuzze, il quartiere ha uno stile da città europea e testimonia il passato coloniale di Montréal!

Ville-Marie, il fulcro economico di Montréal, sembra in tutto e per tutto un distretto americano degli affari, con i suoi grattacieli e i grandi viali…

Montréal ha ospitato numerosi eventi internazionali, come l'Esposizione universale del 1967 e i Giochi olimpici estivi del 1976. L'immenso parco olimpico internazionale a forma di conchiglia ne è testimone.

24 HEURES À MONTRÉAL

TRADUCTIONS

Ça bouge !
LA FIN DE SEMAINE
.... **p. 38-39**

Action-packed!
THE WEEKEND
Montreal, with its university (the UQAM), is a cultural, student and festive city which organizes events throughout the year… and the weekend!

The concerts of Igloofest, the FrancoFolies, the Montreal international jazz festival, Just for Laughs… With music, theatre and comedy, Montreal is vibrant in all seasons!

Igloofest brings together thousands of electronic music and winter fans at the Old Port of Montreal… for crazy nights!

Improvised theatre was created in Quebec, where most famous companies still perform. So, is Montreal a land of humour? There is also the Just for Laughs festival.

Like in La Rochelle, since 1989 the FrancoFolies festival has been held in Montreal. Star names from the French music scene have already appeared, such as Vanessa Paradis, Jane Birkin, Indochine, Patrick Bruel and Oxmo Puccino.

¡A moverse!
EL FIN DE SEMANA
Montreal, con su universidad (la UQAM), es una ciudad cultural, estudiantil y festiva que organiza acontecimientos durante todo el año iy también el fin de semana!

Los conciertos de Igloofest, las FrancoFolies, el festival internacional de jazz de Montreal, Juste pour rire… Entre la música, el teatro y la comedia, ¡Montreal vibra en todas las estaciones!

Igloofest reúne a miles de amantes de la música electrónica y del invierno en el Vieux-Port (puerto viejo) de Montreal para pasar varias noches de locura.

El teatro de improvisación nació en Quebec, donde todavía actúan los grupos más conocidos. Pero, ¿Montreal es tierra de humor? También se puede asistir al festival Juste pour rire.

Como en La Rochelle, en Montreal se celebra, desde 1989, el festival de las FrancoFolies. Por él han pasado ya grandes estrellas de la canción francófona, como Vanessa Paradis, Jane Birkin, Indochine, Patrick Bruel u Oxmo Puccino.

Da ist was los!
DAS WOCHENENDE

Mit seiner Universität (die UQAM) ist Montréal eine Studentenstadt mit einem vielfältigen Kulturangebot und zahlreichen Events zu jeder Jahreszeit ... und auch am Wochenende!

Die Konzerte des Igloofestes, die FrancoFolies, das internationale Jazzfestival von Montréal, Juste pour rire... Zwischen Musik, Theater und Komödie vibriert Montréal zu allen Jahreszeiten!

Igloofest versammelt tausende Fans von elektronischer Musik und Winter in Montréals altem Hafen... für Wahnsinnsnächte!

Das Improvisationstheater ist in Québec entstanden, wo die berühmtesten Ensembles noch immer spielen. Und was ist mit Montréal, Reich des Humors? Man besucht auch das Festival Juste pour rire (Einfach zum Lachen).

Wie in La Rochelle findet auch in Montréal seit 1989 das Festival der FrancoFolies statt. Große Stars des frankophonen Chanson sind bereits dort gewesen, darunter Vanessa Paradis, Jane Birkin, Indochine, Patrick Bruel oder Oxmo Puccino.

Che movimento!
I FINE SETTIMANA

Grazie alla sua università (l'UQAM), Montréal è una città culturale, studentesca e allegra, che organizza eventi durante tutto l'anno... e nei fine settimana!

I concerti dell'Igloofest, le FrancoFolies, il festival internazionale del jazz di Montréal, Juste pour rire... Tra musica, teatro e commedia, Montréal è vivace in ogni stagione

L'Igloofest riunisce migliaia di amanti della musica elettronica e del freddo al Vecchio porto di Montréal... per trascorrere notti di follia!

L'improvvisazione teatrale è nata in Québec, dove le compagnie più famose la praticano ancora. Allora Montréal è la terra dell'umorismo? Forse sì: si può assistere anche al festival Juste pour rire ("Tanto per ridere").

Dal 1989 il festival FrancoFolies si svolge a Montréal, oltre che a La Rochelle. Vi hanno già partecipato grandi star della canzone francofona, tra cui Vanessa Paradis, Jane Birkin, gli Indochine, Patrick Bruel e Oxmo Puccino.

24 HEURES À MONTRÉAL — TRADUCTIONS

Grand froid !
VIRÉE SOUS LA NEIGE
.... **p. 50-51**

Extreme cold!
SIGHTSEEING IN THE SNOW
Winter in Montreal is very cold, with temperatures which are sometimes as cold as −30°C! Montrealers are used to it and live accordingly...

In winter, Montrealers use original means of transport. Sometimes you even come across inhabitants wearing ice skates or snow shoes!

In Montreal, and in the province of Quebec, you can try maple syrup ice cream. It's called maple taffy: the hot maple syrup is cooled down and rolled into sugar on snow. Yummy!

The inhabitants are well-equipped for the winter. For example, the cars often have shovels and small snow brushes, in case there is a storm.

It's so cold in the region that, in the city of Quebec, there is a hotel made entirely from ice! The ice hotel consists of igloos in which you can spend the night.

¡Frío extremo!
UNA VUELTA BAJO LA NIEVE
El invierno es gélido en Montreal y, a veces, las temperaturas caen hasta los -30°C. Sus habitantes ya están acostumbrados y lo viven en consecuencia.

En invierno, se desplazan con medios de transporte insólitos. Incluso puede cruzarse con personas con patines de hielo o raquetas!

En Montreal y en toda la provincia de Quebec, se puede degustar el sirope de arce en helado. Lo llaman la tire: el sirope de arce caliente se deja enfriar en la nieve y se enrolla formando pequeños helados. ¡Ñam!

Los habitantes de Montreal están bien equipados para el invierno: en los automóviles, por ejemplo, encontramos a menudo palas y pequeñas escobas para la nieve, por si hubiera tormenta.

Hace tanto frío en la región que, en la ciudad de Quebec, existe un hotel construido íntegramente con hielo. El Hôtel de glace (hotel de hielo) está formado por iglús en los que se puede pasar la noche.

Große Kälte!
TIEF EINGESCHNEIT

Der Winter in Montréal ist sehr kalt, mit Temperaturen, die manchmal auf bis zu −30°C abfallen! Die Einwohner Montréals sind daran gewöhnt und verhalten sich situationsgemäß...

Im Winter verwenden Montréals Bewohner ungewöhnliche Transportmittel. Manchmal sieht man sogar Menschen mit Schlittschuhen oder Schneeschuhen!

In Montréal und in der Provinz Québec wird Ahornsirup als Eis genossen. Dies nennt man "la tire": der heiße Ahornsirup wird abgekühlt und im Schnee zu kleinen Eis gerollt. Njam!

Die Einwohner sind für den Winter gerüstet: zum Beispiel findet man in den Autos häufig Schaufeln und kleine Schneehandfeger, für den Fall eines Unwetters.

In der Gegend ist es so kalt, dass es in der Stadt Québec ein Hotel gibt, das komplett aus Eis gemacht ist! Das Eishotel besteht aus Iglos, in denen man übernachten kann.

Arriva il grande freddo!
IN GIRO SOTTO LA NEVE

L'inverno a Montréal è molto freddo, tanto che a volte le temperature scendono fino a -30°C! Gli abitanti ci sono abituati e si comportano di conseguenza...

In inverno si spostano con mezzi di trasporto insoliti: a volte capita perfino di incontrare delle persone con i pattini da ghiaccio o le ciaspole!

A Montréal e nella provincia del Québec si gusta lo sciroppo d'acero sotto forma di ghiacciolo. Si chiama tire: lo sciroppo caldo viene raffreddato nella neve per formare palline gelate. Slurp!

Gli abitanti sono attrezzati per l'inverno: ad esempio, nelle macchine si vedono spessissimo pale e scopini da neve, nel caso venisse una tempesta.

In questa regione fa così freddo che nella città di Québec c'è un albergo tutto di ghiaccio! L'Hôtel de Glace è formato da tanti igloo nei quali si può passare la notte.

MES NOTES

Retrouvez toutes les informations sur la collection :
www.emdl.fr/fle